Diamanten der Poesie

Hochverdichtete Verse über Himmel und Erde

von Hans-Jürgen Sträter

Wer von innen heraus leuchtet,

hat keinen Schatten.

Vorwort

Diamanten haben Menschen schon immer bezaubert.
Sie bestehen aus hochverdichteter Materie, zeitlos und durchsichtig. Oft sind sie so klar und rein, dass durch das Licht wunderbare Effekte entstehen. Diese besonderen Edelsteine sind deshalb sehr beliebt bei uns und wertvoll.

Es gibt auch noch eine andere Art von hochverdichteter Materie, die Sterne. Durch die gewaltige Masse entsteht großer Druck und Hitze im Inneren der Himmelskörper, dass eine Kernfusion entsteht, die hellstes Licht erzeugt.
Das beste Beispiel dafür ist unsere Sonne und auch der Weltraum zeigt uns das herrliche Wunder der Schöpfung.

Gedichte sind Sternen oft ähnlich. Poesie *verdichtet* Sprache, komprimiert Geist und ist zeitlos schön.

Unsere *hochverdichteten* Verse wollen wie Diamanten wirken und das geistige Licht zum Leuchten bringen.

Diese Lyrik möchte erfreuen und nachdenklich machen.

Braunschweig, im März 2025   *Hans-Jürgen Sträter*

Vom Inhalt reich,

an Gaben schön,

mach dir dein Leben gleich

wie wir es gerne sehn.

Inhaltsangabe

Wie herrlich sind die Sterne,

wir sehn sie trotz der Ferne.

Doch sehen kann das All sich nicht -

es braucht mein staunend Geisteslicht.

Wer nichts erwartet,

kann nie enttäuscht werden.

Nur in dem Augenblick,

in dem Vergangenheit

gegen wartende Zukunft prallt,

liegt unsere Chance.

Ohne Wertschätzung

keine Würde.

Lachen, Schauen und Vertrauen,

fröhlich sie auf Zukunft bauen,

Kinder sind so, sind ein Gut,

machen mit – und machen Mut.

Vermögen ist Vermögen

und reichen macht reich.

Ein Mensch will unvergesslich bleiben,

fängt an und hört nicht auf zu schreiben.

Kommt einer zu ihm auf Besuch,

erwartet ihn bestimmt ein Buch.

Er fragt sich, wo die Leser bleiben.

Täglich geht die Sonne auf -

freu dich drauf!

Gedanken zum Nachdenken:

Nach denken geh danken.

Das Licht selbst kann keiner sehen,

doch es macht alles sichtbar.

Auch Gott kann man nicht sehen,

doch durch ihn „Du" erkennen.

Unser Lebensraum hat zwei Türen,

die die Klinken außen haben.

Vergangenheit ist eine Kraft,

die Wissen schafft.

Doch wer was zu und künftig

will entstauben -

muss glauben.

Lieber einmal spontan,

als immer nur nach Plan.

Ein Mensch hat öfter einen Streit,

flieht darum in die Einsamkeit.

Als er hier ist völlig alleine,

kommt er mit sich endlich ins reine -

dann tut ihm plötzlich manches leid.

Lieber schalten und walten

als abschalten und verwalten.

Ein Gärtner geht im Garten

und seht, wie er sich freut,

wenn sich bei seinen zarten

Blümlein ein neues zeigt.

Der Garten ist das schönste

Zimmer der Wohnung.

Musik ist wie die Morgenröte

einer neuen Welt.

Ein Wort ist wie ein Faden,

es verknüpft das Heute

mit der Vergangenheit

und unserer Zukunft.

Je dunkler die Nacht,

desto heller leuchten die Sterne.

Durch die Stille

des unendlichen Raumes

glüht einsam die Goldene.

Der Blaue umkreist sie liebevoll

in Milliarden Jahren und Herzen.

Wunderweise weben wir weiter,

denn fröhlich leuchten uns die Farben

der Edelsteine und Sterne.

Wie relativ ist unser Raum,

ist er unendlich oder Traum?

Da gibt es Massen und auch nicht –

im Grenzbereich pulsiert das Licht.

Wie relativ ist unsre Zeit,

führt sie in alle Ewigkeit?

Wann können Uhren rückwärts gehen,

wo kann man unsre Kindheit sehen?

Wie relativ ist denn das Licht,

warum hat's Photon kein Gewicht?

Und weshalb ist so rasend schnelle

die unerklärbar' Teilchenwelle?

Wie relativ schwarz ist das Loch,

ist es ein Galaxienkoch,

wo Staub und Sterne einst vergehen,

um neu im Jetstrom zu entstehen?

Wie relativ ist unser Wissen,

so dass wir immer fragen müssen?

Ja, unser Denken ist beschränkt;

der Schädel das Gehirn einengt.

Wie relativ ist dies Gedicht,

ist es zu einfach und zu schlicht?

Es möge heute allen sagen,

dass wichtig ist, Neues zu wagen.

Eingeengt in Zeit und Raum

bleibt die Freiheit oft ein Traum.

In der Dunkelheit der Zeit

scheint das kleinste Leuchten helle,

doch im Blick zur Ewigkeit

sind wir wie ein Funken schnelle.

Dennoch wirk mit deinem Licht

froh und mild und warm und gut,

der dir schenkt sein Angesicht,

gibt doch alles – auch den Mut!

Überlegen macht überlegen.

Keiner ist ein einsamer Punkt,

jeder hat einen Platz

in dem großen Buch der Welt,

in dem wir alle mitschreiben

Der erste Garten der Menschen

war auch schon ein Paradies.

Das Wort ist eine große Kraft,

die abreißt und auch Neues schafft.

Erforsche das Werden der Sterne,

den Anfang des Seins in der Ferne,

schau ebenfalls auf das Feine,

erkenne: du bist nicht alleine!

Die Gemeinschaft, das ist unsre Stärke,

mit der wir bauen große Werke.

Ohne Licht kein Gedicht!
Ich könnte ja nicht schreiben
und müsste einsam bleiben.

Nämlich dich gäb' es nicht!
Denn ein blindes Wesen
kann doch auch nicht lesen.

Ohne Licht keine Sicht,
kein Sein ohne Werden
im Himmel und auf Erden!

Kinder dieser Welt

haben mir eine Frage gestellt:

„Kinder der Reichen sterben für Geld,

der Armen unter dem Sternenzelt -

Sind Kinder das STERBEN unserer Welt?"

Kinder dieser Welt

haben die manche Fragen gestellt:

„Wir fallen, weil keine Hand mehr hält,

verschmachten, weil Brot und Liebe fehlt -

Sind Kinder nur Scherben unserer Welt?"

Kinder dieser Welt

haben uns viele Fragen gestellt:

„Wer hat all unsere Tränen gezählt,

wir hätten gern eine Zukunft gewählt -

Sind Kinder noch Erben unserer Welt?"

Wenn nur Macht und Geld noch zählt,

ist das Thema „Mensch" verfehlt,

Wer kann noch die Gelder zählen,

die in vielen Kassen fehlen?

Wenn die Schulden explodieren,

kommt der Hunger und das Frieren.

Im Frieden kann der Mensch viel fertigen,

die Friedfertigkeit hat er nicht geschafft.

Viele Menschen Frieden wollen

für sich und die ganze Welt.

Hören aber Panzer rollen

durch die Gier nach Ruhm und Geld.

Treue heißt:

tätiges Vertrauen

Wo ist das Gesetz geblieben

und auch die Gerechtigkeit?

Diktatoren sie vertrieben,

Totengräber unsrer Zeit.

Leben heißt Geben -

drum gib und lieb!

Wenn Blumen leuchtend blühen,

verblassen manche Mühen.

Und die Sorgen werden klein,

ergrünt ein kleiner Sonnenschein.

Früchte hat sich der erdacht,

der gern Menschen Freude macht.

Manchen Mensch muss man bewahren,

es fehlt ihm an den reifen Jahren.

Es kommen auf ihn viel Gefahren

und das gewiss in großen Scharen.

Was du früh säst,

kann später geerntet werden.

Aber was dazwischen passiert

bestimmt ein anderer.

Einer macht aus Wasser Wein,

aber viele vollbringen das Gegenteil.

Raum und Zeit

sind zwei Seiten

von einer Medaille -

doch den Goldanteil

bestimmst du.

Alles Wissen ist wie bunter Sand,

aus dem wir ein Mosaik machen.

Ein Wald wird nicht

in einer Stunde gebaut

und eine Stadt nicht

an einem Tag errichtet.

Grüßen, Danken, Freundlichkeit

machen alle Herzen weit.

Verwurzelt in Vergangenheit,

der Baum auf Zukunft baut.

Gern uns mit seiner Frucht erfreut -

er ist uns lieb, vertraut.

Herr, lass mich hören wie ein Uhu,

sehen wie ein Adler und lieben wie Du.

Alles Leben kommt

aus einer anderen Dimension,

deshalb können wir es

hier nicht nachbauen.

Du bist der Welt geboren,

dass sie geht nicht verloren.

Bücher machen Worte dreidimensional:

sie beschreiben die Vergangenheit,

leben in der Gegenwart

und planen die Zukunft.

Wenn eine Raupe ihr Zeit erreicht,

wird sie als Schmetterling neu geboren.

Dann kann sie sich aufschwingen

und ihre Welt von oben betrachten.

Der Mensch hat drei Schätze:

Den Kopf für den Verstand,

das Herz für die Weisheit

und die Hände zur Anwendung.

Wieviel Sterne mussten sterben

für dein Leben?

Doch du kannst, was sie vererbten,

weitergeben.

Voll Licht soll deshalb jedes Herz

nach Frieden streben.

Impressum

Diamanten der Poesie
Hochverdichtete Verse über Himme lund Erde
von Hans-Jürgen Sträter
Herausgeber: Adlerstein Verlag
Verlag: BoD · Books on Demand GmbH, In de Tarpen 42,
22848 Norderstedt, bod@bod.de
Druck: Libri Plureos GmbH, Friedensallee 273,
22763 Hamburg
ISBN: 978-3-7693-2364-1
Ausgabe: 2025
Bildnachweise:
Coverund Seite 1: Wikipedia
Seite 25, 37, 53, 57, 63, 70: Arthur Elser, Heilbronn
Seite 15 und 43: Hans-Jürgen Sträter/Dall-E

Weitere Bücher von Hans-Jürgen Sträter finden Sie hier:

MIX
Papier aus verantwortungsvollen Quellen
Paper from responsible sources
FSC® C105338